Vente par suite de Décès

TABLEAUX ANCIENS

des Ecoles françaises, flamandes, hollandaises et italiennes

parmi lesquels des œuvres par ou attribuées à

Van Daël, Van Goyen, Jordaëns, Scowart, Trinquesse, Joseph Vernet, Watteau de Lille

TABLEAUX MODERNES

PASTELS, DESSINS, GRAVURES

Objets d'art, Bronzes, Porcelaines

Souvenirs dynastiques Napoléoniens et Bourboniens

Mobilier Ancien
ET MODERNE

APPARTENANT A

M. le Marquis DEVILLE DE SARDELYS

Et garnissant son Hôtel, 42, rue de la Hautière

Mᵉ Henri SERVAIN	M. Arthur BLOCHE
Commissaire-Priseur	Expert près.la Cour d'Appel
11. Rue Lafayette, 11	52, Rue de Châteaudun, 52
A NANTES	**A PARIS**

Chez lesquels se distribue le CATALOGUE

Exposition publique } Le Lundi 25 Juin 1906, de 9 h. à 11 h. 1/2 et de 2 h. à 6 h.

Conditions de la Vente

L'Exposition mettant le public à même de se rendre compte de l'état des objets, il ne sera admis aucune réclamation une fois l'adjudication prononcée.

Il sera perçu *dix pour cent* en sus du prix d'adjudication.

Ordre des Vacations

Mardi 26 Juin. — Tableaux et Objets d'art.

Mercredi 27. — Objets d'art, Mobilier ancien et de style.

Jeudi 29 et jours suivants. — Suite du Mobilier et des Objets divers, Livres, Dentelles, Argenterie.

Nota. — M. Arthur Bloche, expert, recevra pendant le cours de la vente toutes les commissions ou communications de MM. les Amateurs, à l'Hôtel de France, à **Nantes**, et avant la vente, à **Paris, 52, rue de Châteaudun.**

Nantes 26 au 29 juin 1906

V

VENTE A NANTES

Pour cause de Décès

TABLEAUX

Objets d'Art

Mobilier Ancien

ET MODERNE

APPARTENANT A

M. le Marquis DEVILLE DE SARDELYS

En son Hôtel, 42, Rue de la Hautière

DU 26 AU 29 JUIN 1906

Mᵉ Henri SERVAIN	**M. Arthur BLOCHE**
Commissaire-Priseur	Expert près la Cour d'Appel
11, Rue Lafayette, 11	52, Rue de Châteaudun
A NANTES	**A PARIS**

0,05412

DÉSIGNATION

TABLEAUX

JORDAËNS

1 — *La Leçon de Musique.*
Toile : Hauteur, 0ᵐ95 ; largeur, 1ᵐ15.

VAN DAËL

2 — *Intérieur de Taverne.*
Toile : Hauteur, 1ᵐ50 ; largeur, 2 mètres.

VAN DAËL

3 — *La Kermesse.*
Toile : Hauteur, 1ᵐ50 ; largeur, 2 mètres.

SCOWART

4 — *La Fête des Fous à Bruges.*
Toile : Hauteur, 1ᵐ50 ; largeur, 2 mètres.

WATTEAU DE LILLE

5 — *La Pêche.*

6 — *Le Retour à la Ferme.*

Deux pendants.

ADAM

7 — *Portrait de Henriette Corneille.*

ANASTASI

8 — *Paysage.* (Effet de nuit).

BOURGUIGNON (attribué à)

9 — *Scène de Bataille.*

CAUCHOIS

10 — *Vase de Fleurs.*

CHASSELAT SAINT-ANGE

11 — *Andromède.*

CORTÈS

12 — *Bouvier et son Troupeau.*

13 — *Vachère et son Troupeau.*

Deux pendants.

COUTURIER

14 — *Coqs et Poules.*

DESPORTES (attribué à)

15 — *Volatiles dans un Parc.*

GOURDON

16 — Paysage : *L'Automne.*

17 — Paysage : *Sous Bois.*

Deux pendants.

LAROCQUE

18 — *Cheval et Chiens de Chasse.*

MIGNARD (genre de)

19 — *La Vierge et l'Enfant aux Raisins.*

RUBENS (ECOLE DE)

20 — *Le Jugement de Salomon.*

SARM

21 — *Vase de Fleurs.*

SCÉRENNÉ

22 — *Portrait d'Alphonse XII*, roi d'Espagne.

23 — *Portrait d'Isabelle II*, reine d'Espagne.

TONY-TORTAS

24-25 — *Natures mortes.*

Deux pendants.

VERNET (attribué à JOSEPH)

26 — Marine : *Environs de Gênes.*

ECOLE FLAMANDE

27 — *Scène de la Vie du Christ.*

6

Ecole Hollandaise

28 — *Marine* avec personnages au premier plan.

Ecole Russe

29 — *Tête de la Vierge* avec auréole à réhauts d'or.

Ecole Française

30 — *Portrait de Louis XV*.

Ecole Française. — Premier Empire

31 — *Femme éplorée.*

Ecole Moderne

32 — *Portrait de Napoléon III.*

33 à 60 — *Marines, Paysages, Scènes de genre.*

Ecoles Diverses

60 à 99 — Nombreux tableaux : *Scènes de genre et Portraits.*

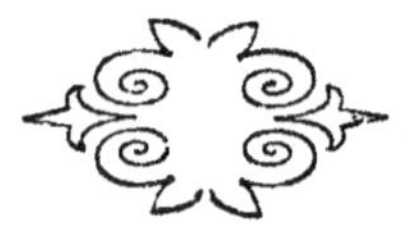

99 à 170

NOMBREUSES GRAVURES

Anciennes et Modernes

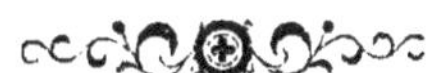

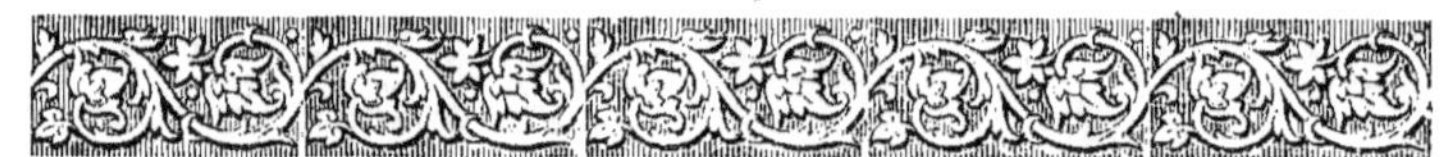

Bronzes -- Porcelaines

171 — Grande vasque en bronze *ancien* de Chine. Fleur de lotus avec caractères et inscriptions en relief et gravés.

172 à 200 — Lustres, girandoles, appliques, flambeaux, chenêts en bronze doré et en cuivre poli. Epoques et styles XVIIe et XVIIIe siècles.

201 à 212 — Grande garniture de cheminée, pendules, cartel, en bronze doré. Epoques et styles Louis XV, Louis XVI et premier Empire.

213 à 230 — Groupes, statuettes et bustes en biscuits.

231 à 250 — Coupes en porcelaines de Chine et du Japon, montées en bronze doré. Candélabres brûle-parfums. Styles Louis XV et Louis XVI.

251 — Paire de grands vases avec socles, en faïence d'Urbino, décorés de médaillons à sujets historiques, d'envolées d'amours, avec anses à serpents.

252 à 291 — Nombreux vases, jardinières, porte-bouquets, en porcelaines françaises, allemandes, de Chine et du Japon. Bouquetières, jardinières, plats, assiettes, pièces de formes variées, en faïence française et étrangère.

292 à 301 -- Ornements d'église. Croix, autels, etc.

Souvenirs Dynastiques

302 à 321 — Souvenirs, portraits, gravures et sculptures se rattachant aux dynasties des Bourbon et des Napoléon.

MOBILIER

322-323 — Deux grands et beaux meubles à deux
corps, en marquetterie de bois, ouvrant à quatre
portes, dessin à corbeilles fleuries, rinceaux et
ornements. Epoque Louis XIII.

324 — Cabinet en laque fond noir, décor à personnages dans des paysages à réhauts d'or, ouvrant
à deux portes avec nombreux tiroirs à l'intérieur. Travail chinois. XVIIIe siècle.

325-326 — Deux bahuts ouvrant à deux portes, en
marquetterie style de Boule, garnis de bronzes
dorés.

327 — Mobilier de salon composé d'un canapé,
quatre fauteuils bois sculpté, peint en blanc,
dessin à rocailles fleuries, couverts en satin
rose broché à bouquets et ramages. Style
Louis XV.

328 — Belle bibliothèque d'encoignure en bois de
luxe, garnie de bronzes dorés. Style Louis XV.

329 — Bureau plat en bois rose, garni de bronzes dorés, dessin à rocailles. Style Louis XV.

330 — Grand canapé à oreillons, en bois sculpté, dessin à rocailles. Epoque Louis XV. Couvert en velours rouge d'Utrecht.

331 — Canapé en bois sculpté, dessin coquilles. Epoque Louis XV. Couvert en velours rouge d'Utrecht.

332 — Ameublement de six fauteuils et quatre chaises, dossier médaillon, en bois sculpté. Epoque Louis XVI. Couverts en velours rouge d'Utrecht.

333 — Grand canapé à contours en bois sculpté. Epoque Louis XVI. Couvert en velours rouge d'Utrecht.

334 — Glace biseautée avec cadre doré. Modèle à rocailles fleuries. Style Louis XV.

335-336 — Deux gaines en marquetterie style de Boule, ornées de bronzes dorés.

337 — Bergère en bois sculpté et doré, couverte en soierie claire, brochée. Style Louis XVI.

338 — Grand fauteuil Louis XIII, en bois noyer, couvert en tapisserie au point, à bouquets de fleurs.

339 — Meuble à deux corps, en bois sculpté. Epoque
Louis XIII.

340 — Fauteuil en bois sculpté. Epoque Louis XV.

341 — Bureau surmonté d'un petit cabinet en bois
noir, orné d'incrustations d'ivoire gravé.
Décor : scènes de chasse et autres. En partie
XVIIe siècle.

342 — Quatre fauteuils en bois sculpté, couverts en
velours rouge d'Utrecht. Forme Louis XV.

343 — Grand piano à queue, en bois noir, d'Erard.

344 — Grande table en chêne sculpté, à piétements
ornés de coquilles, avec poignées en fer. Epoque
Louis XIII.

345 à 348 — Quatre bibliothèques, dont deux d'encoignure, en chêne sculpté. Style Louis XIII.

349 — Grand bureau à cylindre, en bois d'acajou,
garni de cuivres. Epoque Louis XVI.

350 — Table en chêne sculpté, à pieds torses.
Epoque Louis XIII.

351 — Chaise longue en bois sculpté. Epoque
Louis XVI.

352 — Grand lit de milieu en bois sculpté, dessin à
bouquets de fleurs et contours. Epoque Louis XV.

353 à 364 — Suite de meubles : tables de nuit, commodes, toilettes, consoles, tables de formes variées en bois sculpté. Louis XV et Louis XVI. — Meuble à deux corps en bois sculpté. Epoque Louis XIII.

365 — Armoire ouvrant à deux portes, en bois sculpté à pointes de diamant. Louis XIII.

366 à 380 — Ameublements de salle à manger, de cabinet de travail, en bois d'acajou, en chêne sculpté.

381 à 390 — Coffres, tables à ouvrage, tables à jeu, en bois sculpté et en marquetterie.

391 à 396 — Suite de coffrets en écaille, en vernis Martin et en laque, à décors variés, à réhauts d'or. Epoque et style XVIIIe siècle.

396 à 430 — Ameublements de chambres à coucher, en bois d'acajou, en palissandre. — Nombreux sièges de différentes époques et de différents styles. — Nombreux rideaux, tentures de baies et de fenêtres en tissus variés.

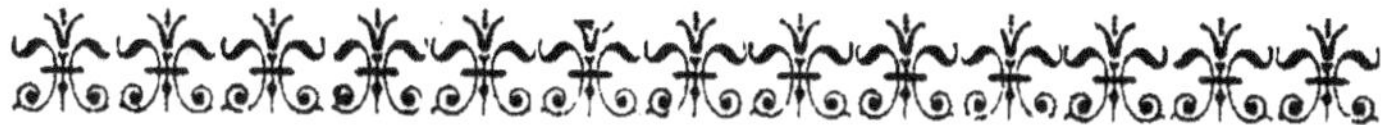

LIVRES

---

430 à 500 — **Livres reliés**

Œuvres des Auteurs français de 1820 à 1880

Œuvres de Voltaire, Plutarque, Rousseau, Montesquieu, Victor Hugo, Mirabeau, Barthelemy, Balzac, Shakespeare, Lamartine, Chateaubriand, Musset, Chénier, La Bruyère, Massillon, etc., etc.

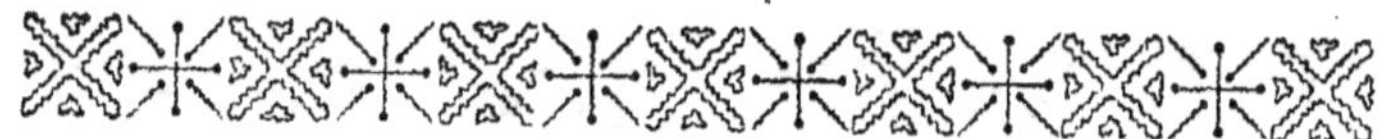

DENTELLES

FOURRURES

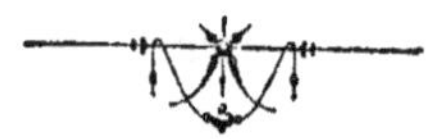

ARGENTERIE

9095. — Nantes, Imp. F. Salières, 12, rue Santeuil